BEI GRIN MACHT SICH IHR WISSEN BEZAHLT

- Wir veröffentlichen Ihre Hausarbeit, Bachelor- und Masterarbeit

- Ihr eigenes eBook und Buch - weltweit in allen wichtigen Shops

- Verdienen Sie an jedem Verkauf

Jetzt bei www.GRIN.com hochladen und kostenlos publizieren

Bibliografische Information der Deutschen Nationalbibliothek:

Die Deutsche Bibliothek verzeichnet diese Publikation in der Deutschen Nationalbibliografie; detaillierte bibliografische Daten sind im Internet über http://dnb.d-nb.de/ abrufbar.

Dieses Werk sowie alle darin enthaltenen einzelnen Beiträge und Abbildungen sind urheberrechtlich geschützt. Jede Verwertung, die nicht ausdrücklich vom Urheberrechtsschutz zugelassen ist, bedarf der vorherigen Zustimmung des Verlages. Das gilt insbesondere für Vervielfältigungen, Bearbeitungen, Übersetzungen, Mikroverfilmungen, Auswertungen durch Datenbanken und für die Einspeicherung und Verarbeitung in elektronische Systeme. Alle Rechte, auch die des auszugsweisen Nachdrucks, der fotomechanischen Wiedergabe (einschließlich Mikrokopie) sowie der Auswertung durch Datenbanken oder ähnliche Einrichtungen, vorbehalten.

Impressum:

Copyright © 2009 GRIN Verlag, Open Publishing GmbH
Druck und Bindung: Books on Demand GmbH, Norderstedt Germany
ISBN: 978-3-668-02306-2

Dieses Buch bei GRIN:

http://www.grin.com/de/e-book/164987/hippodamos-aristoteles-und-die-stadtplanung-im-griechenland-der-klassischen

Martin Kersten

Hippodamos, Aristoteles und die Stadtplanung im Griechenland der klassischen Antike

GRIN Verlag

GRIN - Your knowledge has value

Der GRIN Verlag publiziert seit 1998 wissenschaftliche Arbeiten von Studenten, Hochschullehrern und anderen Akademikern als eBook und gedrucktes Buch. Die Verlagswebsite www.grin.com ist die ideale Plattform zur Veröffentlichung von Hausarbeiten, Abschlussarbeiten, wissenschaftlichen Aufsätzen, Dissertationen und Fachbüchern.

Besuchen Sie uns im Internet:

http://www.grin.com/

http://www.facebook.com/grincom

http://www.twitter.com/grin_com

Technische Universität
CAROLO-WILHELMINA
Zu Braunschweig

Historisches Seminar
Sommersemester 09
Hauptseminar: Die Antike Stadt

Autor: Martin Kersten

Hippodamos, Aristoteles und die Stadtplanung im Griechenland der klassischen Antike

Inhaltsverzeichnis

Inhaltsverzeichnis		2
I.	Einleitung	3
II.	Aristoteles und Hippodamos	4
III.	Lügen und Wahrheiten	5
IV.	Milet	6
V.	Piräus	7
VI.	Thurii	8
VII.	Rhodos	9
VIII.	Fazit	10
IX.	Bibliographie	11
X.	Kartenmaterial	13

I. Einleitung

„Hippodamos von Milet erscheint in der antiken Überlieferung als der Vater der Urbanistik; sein Name ist untrennbar mit dem ‚hippodamischen Schachbrettsystem' verbunden. Aber obwohl er in der Geschichte der Urbanistik zweifellos einen wichtigen Platz einnimmt, so ist doch offensichtlich, dass die antike Neigung, für grundlegende Neuerungen einen *primus inventor* zu postulieren, zu einer übersteigerten Darstellung seiner Verdienste geführt hat."[1]

Mit diesem Satz beginnt Frank Kolb ein Kapitel über die ionisch-hippodamische Stadtplanung und weist den Leser darauf hin, dass es sich bei Hippodamos von Milet um eine eher ambivalente Person handele. Es ist in der Tat heutzutage schwer festzustellen wie weit die Leistungen des Hippodamos tatsächlich reichten. Ob es sich wirklich, wie bei Kolb beschrieben, um eine übersteigerte Darstellung handelt oder Hippodamos der größte oder erst Städteplaner der antiken Geschichte war, versuche ich in dieser Hausarbeit zu beleuchten.

Dazu möchte ich im ersten Teil den Textbeitrag über Hippodamos von Milet in Aristoteles' „Politik" interpretieren. Im Anschluss daran soll eine Entschlüsselung der wahren Errungenschaften des Hippodamos erfolgen unter dem Titel "Lügen und Wahrheiten", um dann schließlich ein Fazit zu ziehen.

Wir werden sehen, dass Hippodamos, trotz seiner Berühmtheit, eine schwer fassbare Figur ist und dass sich viele Quellen widersprechen. War er Erfinder oder lediglich der Erste, der ein „neues" Arrangement systematisierte? War er ein praktischer Planer oder nur Theoretiker? Um diese Fragen zu beantworten werde ich jeweils einen kurzen Blick auf Beispiele der klassischen griechischen Stadtplanung werfen, die Hippodamos von Milet sowohl in neuerer als auch in älterer Geschichtsschreibung zugeschrieben werden.

Der Forschungsstand erwies sich dabei als recht umfangreich, wohl gerade deshalb weil Hippodamos eine so schwer greifbare und schon fast mythische Figur der antiken Welt darstellt. Besonders deutsche Archäologen, allen voran Armin von Gerkan, widmeten sich der Darlegung des griechischen Städtebaus und der Frage wie viel Wahrheit in der Person Hippodamos steckt.[2] Von Gerkan war es auch, der schrieb, dass es sich bei den angeblichen Schriften des Hippodamos mit den Titeln „peri politeias" und „peri eudaimonias" um neupythagoreische Fälschungen handelt, welche sowohl an die von Aristoteles überlieferten Theorien als auch an Platos Staatslehre anknüpfen und viele widersprechende Elemente

---

[1] Kolb, Frank: *Die Stadt im Altertum*. Beck: München, 1984.
[2] Bezug auf: von Gerkan, Armin: „Hippodamos" in: von Boehringer, Erich [Hrsg.]: *Von antiker Architektur und Topographie : gesammelte Aufsätze*. Kohlhammer: Stuttgart, 1959: S. 8 – 9.

enthalten.[3] Die politischen Ideen des Hippodamos sollen hier jedoch nicht weiter besprochen werden.

II. Aristoteles und Hippodamos

„Hippodamos aber, der Sohn des Euryphon, aus Milet - der auch eine Abteilung der Städte erfand und den Piräus ebenfalls unterteilte, ein Mann, der in seinem Privatleben aus Eitelkeit so ins Maßlose verfiel, dass er auf manche einen fast geckenhaften Eindruck machte, sowohl durch sein langes, wohlgepflegtes Haar, wie durch das Prahlen mit einem wohlfeilen, sehr warmen Kleid, das er gleichmäßig im Sommer und Winter trug, der dann aber auch noch die Schwachheit hatte, als gründlicher Naturforscher gelten zu wollen -, dieser Hippodamos also war der erste, der, ohne praktischer Staatsmann zu sein, es unternahm, etwas über die beste Staatsverfassung zu sagen."[4]

Aristoteles stellt uns hier in seiner „Politik" die Person Hippodamos und seine Errungenschaften, sowie seine politische Theorie vor. Hippodamos schien nach Ansicht des Aristoteles ein Exzentriker zu sein und er war ein politischer Theoretiker, der eine Abhandlung über die ideale politische Verfassung schrieb.

Es besteht Uneinigkeit darüber, was Aristoteles mit der Phrase „[…] welcher die Einteilung der Städte erfand […]" genau meinte. Zum einen gibt es eine Hand von Gelehrten, die der Meinung sind, dass Aristoteles dem Hippodamos von Milet die Erfindung der rechtwinkligen Stadtplanung zuschrieb. Diese Interpretation scheint Unterstützung in einer späteren Passage im gleichen Werk von Aristoteles zu finden, indem diese Methode der Stadtplanung als „die neuere, hippodamische Methode"[5] betitelt wird. Archäologische Ausgrabungen von griechischen Städten rings um das Mittelmeer haben jedoch gezeigt, dass einige Kolonien tatsächlich schon im achten Jahrhundert vor Christi Geburt nach einem bewussten Plan gebaut wurden, also etwa dreihundert Jahre vor der Lebenszeit des Hippodamos.[6]

Eine zweite Interpretation der Phrase „der auch eine Abteilung der Städte erfand" hat Glaubwürdigkeit unter einer anderen Gruppe von Gelehrten erlangt. Sie ist eine

---

[3] Ebd. S. 9.
[4] Aristoteles: *Politik II*. 1267b, 22-29.
[5] „Die Anlage der Privathäuser gilt für geschmackvoller und den sonstigen praktischen Rücksichten entsprechender, wenn sie geradlinig ist und der neueren, hippodamischen Bauart folgt, für die Sicherheit im Kriege dagegen ist das Gegenteil, wie es in alten Zeiten Brauch war, besser." Aristoteles: Politik VII. 1330b21-31.
[6] Dazu: Gorman, Vanessa B.: "Aristotle's Hippodamos (Politics 2.1267b22-30)" in: *Historia* 44. Franz Steiner Verlag: Stuttgart, 1995: S. 386.

Interpretation, die besser unterstützt durch den unmittelbaren Kontext zu sein scheint und die es vermeidet Aristoteles Unklarheit oder einen Fehler zu unterstellen.[7] Laut dieser Ansicht bezieht sich diese Textstelle nicht auf die Stadtplanung im Allgemeinen, sondern führt in die politische Theorie von Hippodamos ein – eine Theorie, die Aristoteles im Anschluss daran im Detail diskutiert.[8] Diese Interpretation wird von der Wortwahl Aristoteles im unmittelbaren Kontext unterstützt, da Hippodamos' Theorie eine Dreiteilung der Bewohner in verschiedene Klassen und Ländereien fordert. Hinzu kommt, laut dieser Interpretation, dass der Gebrauch von geraden Straßen, die sich im rechten Winkel treffen, die hippodamische Methode im Buch 7 genannt wird. Jedoch wird sie nicht so bezeichnet weil Hippodamos von Milet diese Methode erfunden hat, sondern weil er sie auf dem griechischen Festland popularisiert hat durch die Mitarbeit beim Neuaufbau des Piräus. Man kann auch ganz allgemein sagen, dass sich das gesamte zweite Buch des Aristoteles nicht mit neuartigen Erfindungen beschäftigt, sondern dass es sich um eine Abhandlung über den idealen Staat handelt und er die Ideen des Hippodamos diskutiert. Somit muss man Aristoteles nicht unbedingt einen Fehler unterstellen oder ihn gar als Lügner hinstellen. Inwieweit Aristoteles richtig oder falsch lag mit seiner Darstellung soll das nächste Kapitel zeigen.

III. Lügen und Wahrheiten

Immer wieder in der Debatte um Hippodamos von Milet und seine Mitarbeit oder Planung griechischer Kolonien geht es um das genaue Geburts- und Sterbedatum und an welchen Städten er tatsächlich beteiligt war. Aufgrund verschiedener Quellen antiker Schreiber sind jedoch einige dort als Fakten dargestellte Ereignisse falsch.

Allen Quellen zufolge war Hippodamos ein Bürger aus Milet, jedoch gibt es keine antiken Berichte über seine Aktivitäten in seiner Heimatstadt. Im Scholium zu Aristophanes' *Die Ritter* heißt es sogar, dass einige Milet, andere Thurii und wiederum andere Samos als seine Heimat sahen.[9] Strabon schreibt, dass Rhodos während des Peloponnesischen Krieges vom gleichen Architekten gegründet wurde, der auch den Piräus plante.[10] Neben Aristoteles' Beschreibung sind das so gut wie alle Informationen, die wir aus antiken Quellen über

---

[7] Hierzu besonders ausführlich: Burns, Alfred: "Hippodamus and the Planned City" in: *Historia 25*. Franz Steiner Verlag: Stuttgart, 1976. S. 414 – 428.
[8] Aristoteles: Politik II. 1267b30-1269a28.
[9] Vgl. Burns: Hippodamos. S. 421.
[10] Strabon: *The Geography of Strabo : in Eight Volumes*. Cambridge UP: Cambridge, 1956: XIV, ii 9 = Vers 654.

Hippodamos erfahren.[11] Mit der Ausnahme von Strabons Bezug zu Rhodos-Stadt, ordnet niemand Hippodamos Aktivität außerhalb des Piräus zu.

Anhand der folgenden Koloniegründungen soll nun versucht werden zu klären an welchen Projekten Hippodamos wirklich beteiligt war.

IV. Milet

Zwangsläufig muss man mit der Stadt Milet beginnen, die als seine Heimatstadt gilt. Ausgrabungen in Milet haben einen starr rechtwinkligen Plan hervorgebracht, der auf zwei unterschiedlichen, jedoch scheinbar zeitgleich erbauten, Rastern von gleichmäßigen Häuserblocks basiert, die alle durch öffentliche Gebäude voneinander getrennt sind.[12] Das Prinzip des Grundrisses, also ein wiederholtes Muster von identischen Einheiten, ist kindlich einfach. Viel Spielraum wurde für die Entwicklung der wirtschaftlichen, öffentlichen und religiösen Gebäude übrig gelassen. All diese Gebäude haben eine klare, funktionale Relation zum Hafen, zu den Wohngebäuden und zu dem städtischen Kommunikationswesen.[13] Dass den Tempeln eher wenig Platz bereitgestellt wurde liegt daran, dass das milesische Heiligtum, die Didymaion, ein paar Kilometer außerhalb der Stadt im Süden lag.

Ein Detail, das den Plan von Milet von anderen Plänen unterscheidet, ist die sehr geringe Anzahl an breiten Straßen - lediglich eine im nördlichen Teil und zwei im südlichen Teil der Stadt.[14]

Immer noch wird in der heutigen Literatur davon ausgegangen, dass Hippodamos, der in Milet geboren wurde, seine Erfahrungen in der Planung von Städten im Wiederaufbau von Milet machte.[15] Die Stadt wurde im Jahre 494 v. Chr. durch die Perser nach einem Aufstand der Einwohner zerstört und alle Milesier entweder getötet oder in Gefangenschaft geführt.[16] Da die persischen Kriege noch 15 Jahre andauern sollten und schließlich mit einem Sieg der Griechen endete, konnte die Stadt erst im Anschluss daran, nämlich im Jahre 479 vor Christi Geburt, neu besiedelt werden.

---

[11] Laut Burns (Hippodamos 421) wird Hippodamos noch erwähnt von Photios und Hesychios. Bei Photios heißt es, dass Hippodamos aus Milet oder Thurii stamme. Hesychios stellt Hippodamos als Milesier dar, der sich in Thurii niederließ.
[12] Ward-Perkins, J.B.: Cities of Ancient Greece and Italy: Planning in Classical Antiquity. George Brazille: New York, 1974: S. 14.
[13] Ebd.
[14] Ein Plan der Stadt befindet sich im Anhang.
[15] Von Gerkan und Wycherley sehen in Hippodamos ein Produkt der milesischen und pythagoräischen Schule von Philosophen und Mathematikern.
16 Segal, Arthur: Stadtplanung im Altertum. Benziger: Zürich, 1977: S. 31.

Es wurde jedoch argumentiert, dass der Winkel von 1 – 2° zwischen dem nördlichen Teil der Stadt und dem südlichen Teil demnach eine Folge von Überbauung von bereits existierenden und zerstörten Gebäuden war und lediglich der Südteil eine komplette Neuplanung darstellt.[17] Man könnte also davon ausgehen, dass die Südstadt tatsächlich zur Lebenszeit des Hippodamos geplant und gebaut wurde und er möglicherweise einen Anteil daran hatte. Die Ideen wurden jedoch dann eindeutig von der Nordstadt übernommen. Doxiadis geht in seiner Untersuchung davon aus, dass die Südstadt erst im zweiten vorchristlichen Jahrhundert gebaut wurde und somit eine Teilhabe von Hippodamos ausgeschlossen ist.[18]

Wenn man also annimmt, dass die Stadt Milet 479 wieder aufgebaut wurde, muss Hippodamos wohl etwa um 500 vor Christus geboren sein um in einem entsprechenden Alter zu sein. Diesen Gedanken sollten wir für spätere Beobachtungen bewahren.

V. Piräus

Obwohl Athen selber von dem neuen Stadtplanungssystem unberührt blieb, wurde ein wichtiger Schritt hin zu diesem System von einem Athener, nämlich Perikles, in Auftrag gegeben. Wie wir von Aristoteles bereits weiter oben erfahren haben war es wohl Hippodamos von Milet, der den Piräus, also den Hafen Athens, „einteilte". Aristoteles beschreibt jedoch nicht wie sich die Straßen zueinander verhalten. Wenn die deutschen Ausgrabungen und Vermutungen korrekt sind und wenn sie uns nicht die Arbeit eines anderen Mannes aus einer anderen Epoche war – und das ist oft möglich -, dann verliefen auch hier die Straßen in einem rechten Winkel und parallel zueinander. Die längeren und scheinbar wichtigeren Straßen liefen ebenfalls parallel zur Küste, währenddessen kürzere Straßen im rechten Winkel zu ihnen zum Hafen führten.[19]

Der Neuaufbau des Piräushafens und speziell die Arbeit von Hippodamos wurde niemals genau datiert. Wie weiter oben bereits festgestellt, heißt es in den Scholien bei Aristophanes, dass der Piräus zur Zeit der Persischen Kriege aufgebaut wurde.[20]

---

[17] Greaves, Alan M.: *Miletos: A History*. Routledge: London, 2002: S. 81. Außerdem Ward-Perkins: *Cities of Ancient Greece and Italy*, S. 14.
[18] Doxiadis, Konstantin: *Raumordnung im griechischen Städtebau*. Kurt Vowinckel Verlag: Heidelberg, 1937: S. 53.
[19] Ein Grundriss der Stadt befindet sich im Anhang.
[20] Aristophanes: *Die Ritter*

Wie wichtig auch immer der Hafen zu dieser Zeit war, gibt es keinen Anhaltspunkt darüber, dass das „hippodamische" Element bereits in den 470ern Einfluss auf den Umbau nahm und tatsächlich gab es auch noch Feldzüge gegen die Perser bis in die Mitte des fünften Jahrhunderts vor Christus.[21] Auch entbrannte eine Diskussion über die Begrenzungssteine der Agora, die *horoi*, und ihre genaue Datierung.[22] Inwiefern Hippodamos wirklich am Ausbau des Piräus mitgeholfen hat ist nur schwerlich zu beantworten.

VI. Thurii

Eine andere Stadt, die dem Hippodamos zugeschrieben wird, ist Thurii oder auch Thurioi, eine Kolonie gleich mehrerer griechischer Städte aus dem Jahre 443/4 vor Christus im südlichen Italien.[23] Thurii war als Modellkolonie gedacht und es verband eine demokratische Verfassung, ein rechtwinkliges Straßennetz und ein auf Rhetorik orientiertes Schulwesen.[24]

Die Annahme, dass Hippodamos die Stadt plante basiert lediglich auf der Tatsache, dass die Beschreibung des Grundrisses der Stadt des antiken griechischen Geschichtsschreibers Diodorus den Grundzügen des Hippodamischen System entspricht. Ich sehe Hippodamos' Mitarbeit hier am wahrscheinlichsten, da es sowohl gut in seine gemutmaßte Lebensspanne passt und es auch eine von Athen mitbegründete Kolonie war.

Die Gründung der Kolonie wird im Detail bei Diodorus[25] beschrieben: die rituelle Konsultation des Orakels, der Ort der Wasserquelle, die Stadtmauer, der Grundriss von einem Raster aus breiten Straßen – vier davon in eine Richtung und drei im rechten Winkel zu ihnen,

---

[21] Gill, David: „Hippodamus and the Piraeus" in: *Historia 55*. Franz Steiner Verlag: Stuttgart, 2006: S. 2.
[22] Sehr gut zusammengefasst bei Gill: „Hippodamos and the Piraeus"
[23] Haverfield: *Ancient Town-Planning*. Außerdem Segal: *Stadtplanung*. S. 20.
[24] Dazu ausführlich: Fleming, David: "The Streets of Thurii: Discourse, Democracy, and Design in the Classical Polis" in: *Rhetoric Society Quarterly* Volume 32. Routledge. Madison, 2002. S. 5-32.
[25] Diodorus: *Diodorus of Sicily : in Twelve Volumes*. Cambridge UP: Cambridge 1956: Buch XII. Vers 10:
"They put in at Italy and arriving at Sybaris they set about hunting the place which the god had ordered them to colonize. 6 Having found not far from Sybaris a spring called Thuria, which had a bronze pipe which the natives of the region called *medimnos*, and believing this to be the place which the god had pointed out, they threw a wall about it, and founding a city there they named it Thurium for the spring. 7 They divided the city lengthwise by four streets, the first of which they named Heracleia, the second Aphrodisia, the third Olympias, and the fourth Dionysias, and breadthwise they divided it by three streets, of p395which the first was named Heroa, the second Thuria, and the last Thurina. And since the quarters formed by these streets were filled with dwellings, the construction of the city appeared to be good."

und letztendlich die Entwicklung dieses Schemas durch den Bau von Häusern, die an kleinere Straßen grenzten.

Herodot selber soll angeblich einer der ersten Kolonisten in Thurii gewesen sein.[26] Die Stadt wurde jedoch nie ausgegraben[27] und man kann Zweifel erheben, dass eine Ausgrabung den Straßenplan von 443 vor Christus oder einen späteren, möglicherweise sogar aus der Römerzeit, hervorbringen würde.

VII. Rhodos

Eine andere Stadt, die man Hippodamos zuschreibt, ist Rhodos.[28] Diese wurde, wie bereits weiter oben gehört, laut Strabon vom gleichen Architekten gegründet, der auch den Piräus gründete.[29]

Rhodos wurde im Jahre 408 v. Chr. angelegt, fünfunddreißig Jahre nach der Gründung von Thurii und fast neunzig Jahre nach dem gemutmaßten Geburtsdatum von Hippodamos. Es ist weder möglich, dass er in diesem hohen Alter, selbst wenn Hippodamos erst um 480 geboren wäre, immer noch Städte plante, noch ist es wahrscheinlich, dass er, politischen Gründen geschuldet[30], an der Planung von Rhodos beteiligt war.[31] Da wir sein wahres Geburtsjahr nicht wissen und Strabon ihn auch nicht namentlich erwähnt ist Gewissheit nicht möglich. Eine Möglichkeit besteht jedoch darin, dass es hier zu der bereits erwähnten Übersteigerung der Verdienste kam und dass Strabon lediglich eine Stadtgründung „im Sinne" Hippodamos' meinte.

Doch dank neuerer Forschung, die einen Grundriss der ersten Stadtbebauung hervorbrachte, ist klar, dass es sich bei Rhodos-Stadt ganz klar um das „hippodamische System" handelt.[32] Natürlich impliziert dies nicht, dass Hippodamos selbst beim Bau oder an der Planung beteiligt war. Sieht man den Stadtplan von Rhodos heute, so ist es schwer

---

[26] Haverfield: Ancient Town-Planning.
[27] Ebd.
[28] Hierzu ausführlich: Wycherly, R. E.: „Hippodamus and Rhodes" in: *Historia 13*. Franz Steiner Verlag: Stuttgart, 1964. S. 135 – 139.
[29] Strabon: *The Geography of Strabo : in Eight Volumes*. Cambridge UP: Cambridge, 1956: XIV, ii 9 = Vers 654: "The present city was founded at the time of the Peloponnesian War by the same architect, as they say, who founded the Peiraeus."
[30] Gemeint ist, dass Rhodos perserfreundlich gestimmt war und Hippodamos als Milesier oder auch athenischer Metöke gegen ein Sympathisieren mit Rhodos gewesen sein musste. Dagegen spricht sich Burns (Hippodamos, S. 423) aus; er behauptet, dass viele Griechen ihre Sympathien für Athen verloren haben in der Zeit der Gründung von Rhodos.
[31] Weiterhin dagegen sprechen sich v. Gerkan, Kolb und Ward-Perkins aus.
[32] Ein Stadtplan ist im Anhang und zu finden bei: Hoepfner, Wolfram: *Der Koloss von Rhodos und die Bauten des Helios. Neue Forschungen zu einem der Sieben Weltwunder*. Von Zabern: Mainz, 2003: S. 22.

nachvollziehbar, dass es sich damals um ein rechtwinkliges System von Straßenzügen gehandelt haben soll. Zwar schreibt Diodorus[33], dass die Stadt „theaterähnlich" sei, doch bezieht sich dies wohl eher auf die natürliche Landschaft vor der Bebauung.

VIII. Fazit

Wenn man ein Fazit ziehen will, muss man sich die Frage stellen: Was hat Hippodamos tatsächlich *erfunden*?

Als Antwort auf diese Frage scheint eines sicher zu sein: Hippodamos hat sicher nicht die Stadtplanung oder das orthogonale System *erfunden*, er hat es jedoch aufgegriffen, weiter entwickelt und in der griechischen Welt populär gemacht. Geplante Stadtanlagen dieser Art gab es bereits vor Hippodamos, so zum Beispiel in Smyrna oder Paestum[34], und ist keineswegs ein Phänomen der Klassik.

Wir wissen sehr wenig über griechische Architekten und genauso verhält es sich mit Hippodamos. Die wenigen überlieferten Quellen, die wir über ihn haben, schließen sich sogar teilweise untereinander aus.

Nach meinen Überlegungen kann man sich gut vorstellen, dass Hippodamos tatsächlich Milesier war und seine Erfahrungen als junger Mann in seiner Heimatstadt gemacht hat. Der für die Griechen hippieartig wirkende junge Mann entwickelte die Ideen weiter und wurde bald durch die Mitarbeit am Ausbau des Piräushafens in Athen bekannt. Es ist durchaus vorstellbar, dass er nach Thurii ging, um dort bei der Neugründung von Athens panhellenistischer Kolonie zu helfen. Der alte Hippodamos, mittlerweile in seinen Sechzigern oder Siebzigern angekommen, konnte durchaus am Ende des fünften Jahrhundert bei der Planung der Stadt Rhodos teilgenommen haben – wir können es weder bestätigen noch verwerfen.

Hippodamos bleibt eine fadenscheinige Figur der griechischen Antike. Was wir wissen ist, dass Hippodamos die Stadtplanung nicht erfunden hat – und das hat Aristoteles auch nie behauptet.

---

[33] Diodorus: Buch XIV, Vers 45: "Since Rhodes is shaped like a theatre […]"
[34] Segal: Stadtplanung im Altertum: S. 32.

IX. Bibliographie

Quellen:

Aristoteles: *Politik*. Meiner-Verlag: Hamburg, 1981.

Diodorus: *Diodorus of Sicily: in Twelve Volumes*. Cambridge UP: Cambridge 1956

Strabon: *The Geography of Strabo: in Eight Volumes*. Cambridge UP: Cambridge, 1970.

Sekundärliteratur:

Burns, Alfred: "Hippodamus and the Planned City" in: *Historia 25*. Franz Steiner Verlag: Stuttgart, 1976. S. 414 – 428.

Doxiadis, Konstantin: *Raumordnung im griechischen Städtebau*. Kurt Vowinckel Verlag: Heidelberg, 1937.

Egli, Ernst: *Geschichte des Städtebaues*. Eugen Rentsch Verlag: Stuttgart, 1959.

Fleming, David: "The Streets of Thurii: Discourse, Democracy, and Design in the Classical Polis" in: *Rhetoric Society Quarterly* Volume 32. Routledge. Madison, 2002. S. 5-32.

von Gerkan, Armin: „Hippodamos" in: von Boehringer, Erich [Hrsg.]: *Von antiker Architektur und Topographie : gesammelte Aufsätze*. Kohlhammer: Stuttgart, 1959. S. 8 – 9.

Gill, David: „Hippodamus and the Piraeus" in: *Historia 55*. Franz Steiner Verlag: Stuttgart, 2006. S. 1 – 15.

Gorman, Vanessa B.: "Aristotle's Hippodamos (Politics 2.1267b22-30)" in: *Historia 44*. Franz Steiner Verlag: Stuttgart, 1995. S. 385-95.

Greaves, Alan M.: *Miletos: A History*. Routledge: London, 2002.

Haverfield, F.: Ancient Town-Planning. Oxford UP: Oxford, 1913.

Hesse, Michael: *Stadtarchitektur: Fallbeispiele von der Antike bis zur Gegenwart*. Deubner Verlag: Köln, 2003.

Hoepfner, Wolfram: *Der Koloss von Rhodos und die Bauten des Helios. Neue Forschungen zu einem der Sieben Weltwunder*. Von Zabern: Mainz, 2003.

Hofrichter, Hartmut: *Stadtbaugeschichte von der Antike bis zur Neuzeit*. Vieweg: Braunschweig, 1991.

Kolb, Frank: *Die Stadt im Altertum*. Beck: München, 1984.

Segal, Arthur: *Stadtplanung im Altertum*. Benziger: Zürich, 1977.

Ward-Perkins, J.B.: *Cities of Ancient Greece and Italy: Planning in Classical Antiquity*. George Braziller: New York, 1974.

Wycherly, R. E.: „Hippodamus and Rhodes" in: *Historia 13*. Franz Steiner Verlag: Stuttgart, 1964. S. 135 – 139.

X. Kartenmaterial

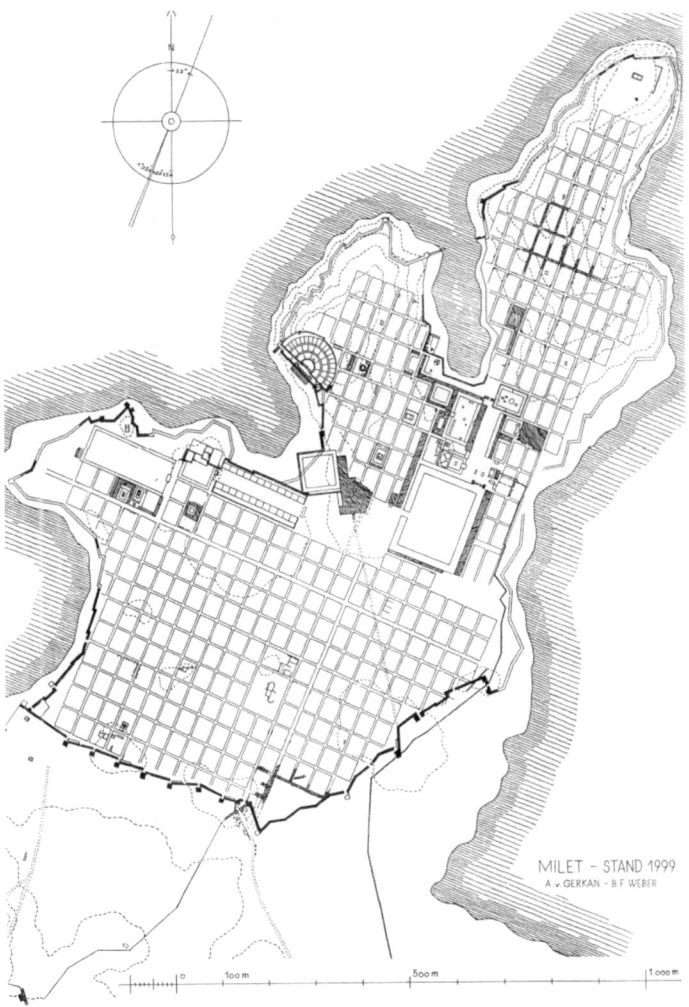

Grundriss der Stadt Milet in Kleinasien.
https://www.bibelwissenschaft.de/wibilex/das-bibellexikon/lexikon/sachwort/anzeigen/details/polis/ch/1988915b847dfb9cfdd9c5c3e94b2887

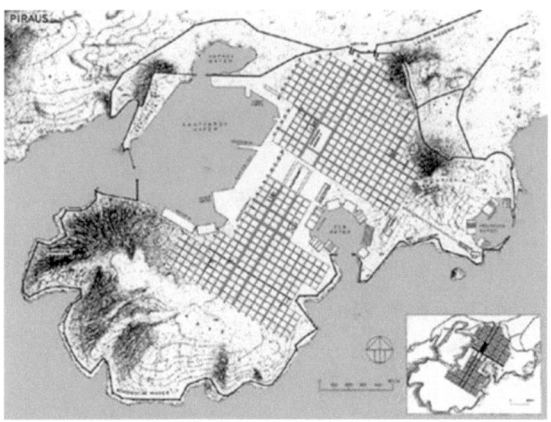

Grundriss des Piräus bei Athen.
https://www.bibelwissenschaft.de/wibilex/das-bibellexikon/lexikon/sachwort/anzeigen/details/polis/ch/1988915b847dfb9cfdd9c5c3e94b2887/

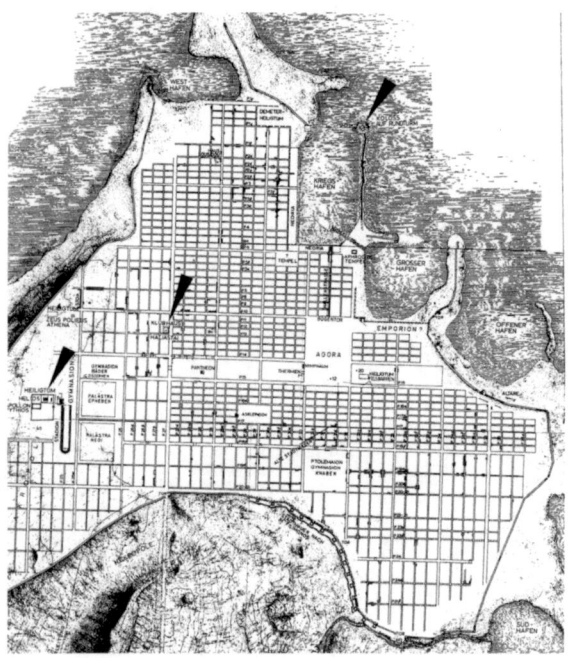

Grundriss von Rhodos-Stadt.
Hoepfner, Wolfram: *Der Koloss von Rhodos und die Bauten des Helios. Neue Forschungen zu einem der Sieben Weltwunder.* Von Zabern: Mainz, 2003: S. 22.

BEI GRIN MACHT SICH IHR WISSEN BEZAHLT

- Wir veröffentlichen Ihre Hausarbeit, Bachelor- und Masterarbeit

- Ihr eigenes eBook und Buch - weltweit in allen wichtigen Shops

- Verdienen Sie an jedem Verkauf

Jetzt bei www.GRIN.com hochladen und kostenlos publizieren